农村普法系列连环画
NONGCUN PUFA XILIE LIANHUANHUA

马大哈选村主任

龙 雷 著　　龙玮钰 绘

黄河出版传媒集团
阳 光 出 版 社

图书在版编目（CIP）数据

马大哈选村主任 / 龙雷编；龙玮钰绘. -- 银川：阳光出版社, 2017.10
（农村普法系列连环画）
ISBN 978-7-5525-3885-4

Ⅰ. ①马… Ⅱ. ①龙… ②龙… Ⅲ. ①村民委员会－地方自治法－中国－通俗读物 Ⅳ. ①D921.8-49

中国版本图书馆CIP数据核字(2017)第252336号

农村普法系列连环画　马大哈选村主任　龙雷　编　龙玮钰　绘

策　　划　那大庆　龙　雷
责任编辑　李媛媛
封面设计　晨　皓
责任印制　岳建宁

黄河出版传媒集团　阳光出版社　出版发行

出 版 人　王杨宝
地　　址　宁夏银川市北京东路139号出版大厦（750001）
网　　址　http：//www.ygchbs.com
网上书店　http：//shop129132959.taobao.com
电子信箱　yangguangchubanshe@163.com
邮购电话　0951-5014139
经　　销　全国新华书店
印刷装订　宁夏凤鸣彩印广告有限公司
印刷委托书号　（宁）0006641

开　　本　880mm × 1230mm 1/32
印　　张　1
字　　数　20千字
版　　次　2018年1月第1版
印　　次　2018年1月第1次印刷
书　　号　ISBN 978-7-5525-3885-4
定　　价　10.00元

春打六九头，今天是立春节气。上午十点钟，太阳照的人暖烘烘地，沿河乡滨河村部院子里挤满了村民。办公楼面南的墙上挂着的一条红绸白字的横幅“村委会换届选举中心会场”显得格外耀眼。

2

四个检记票员忙着整理大红选票，身后的大黑板上写着“张明　马文化”，检票员念着选票上画“○”的名字，记票员在候选人的名字下公公正正地画着“正”字。

眼看着张明的“正”字画了一长溜，马文化才画了三个半……老马心凉了半截，低头挤出人群，焉焉地回了家。

马大哈名叫马文化，过年就五十八了，“公社化”的时候凭着能干活、能受苦入的党。没有文化的他靠老实还当上了村主任，说话嘻嘻哈哈，办事大大咧咧，还常闹笑话，村民们戏称他“没文化”村主任。

在滨河村上干了近十年村主任了，这次村委换届选举，根据上级组织对候选人的条件要求，经全体党员群众依法推荐确定了新候选人。

经过民主推荐，马文化村主任不再作为候选人参加竞选，而确定大学生村干部张明为村主任候选人。

这些日子，大哈很是想不通：当了村主任后，年年领导全村人挖沟挑渠，还有像计划生育、调处纠纷、整治卫生、修路造林、救灾扶贫、评优得奖，经验推广等这些事，有功劳更有苦劳，不到六十就不叫干了，我要是不当，叫别人笑话不说，还以为我是被拍下来的苍蝇呢！老马决定这事还得倒腾倒腾……

老马瞒着老伴，揣着一万多元的票子，骑着电动车忙坏了，早出晚归，走东家串西家地给人打招呼，给这个队长一两千元的请客钱，给那个马家的亲戚买两条芙蓉王，四路八下撒胡椒面，说年轻大学生屁事不懂，外来的沙子不能压了本地土，等等，还说要是我大哈能选上，大家都有好处云云。

该花的钱花了，该找的人找了，当面都答应的好得很，但老马还是觉得不踏实，俗话说：人心隔肚皮啊。千万不能叫这帮人耍了……

半夜半夜睡不着，老是心里有事，到处乱转。老伴劝道："算了吧，快六十的人了，干部都退休呢。你老了，叫年轻人干去。"

“你知道个啥，老了，老了成熟，经验多！”“成熟啥呢，你当村主任叫人跟着丢人，那年三队刘五的媳妇申请生二胎要求取环呢，你在会上说，计划生育是我管的，我不张嘴谁敢！那环好是在你嘴里头，叫大家都笑话死了！”“那是我着急地失口了！”

“去年乡长领着一个老板来村上谈投资项目，中午吃饭叫你买餐巾纸，你买的卫生巾，还说这纸质量好，又能擦筷子，又能擦嘴，丢死人了。”“那是不认字。”“不认得字，鼻子低下长的是啥，不会问啊？”老马长长地叹了一口气：“人一天有三冒呢，我也是太激动了。”

老伴越说越气："跟着你操心、生气地，前年修高速公路征地的时候，你带上几个村民又是挡呢，又是赖呢，叫人家乡长、书记把你骂的，你还不长记性！"

话说张明这个大学生娃娃来村上一年多，领着村民搭温棚，搞土地流转，又是办文化大院。一闲下来把年轻人组织起来，不是学技术就是搞培训，全村闹得红红火火、热热闹闹，听说以后买卖东西不用出门，在电脑上就办了，他是个能人！

“你没本事，花两千多连一场法律宣传文艺节目都组织不起来，还想占着茅坑不拉屎。一个村主任不如人家一个庙会的会长！”大哈村主任被老伴数落得哑口无言。

村部的高音喇叭响亮地宣布：“大学生村干部张明当选滨河村村主任！”

在家里的马大哈心里像是吃了葡萄喝了醋，说不上来的难受。这时，小孙子慌慌张张跑进来说：“爷爷，来客人啦！”

推门进来了司法所所长和乡纪委书记："老马同志，根据你这次在村委会换届选举中的不规行为和表现，请你配合组织对你违法违纪的情况进行调查。现在跟我去乡上。"大哈的脸一下子红到了脖根，紧张得手开始抖了！

百姓心中有秆称，是非曲直自分明。法律威严明镜悬，顶风违纪后悔晚。

宁夏回族自治区村民委员会选举办法（节选）

第四章　选举方式

第十七条　村民委员会成员的选举，可以采取有候选人的选举方式，也可以采取无候选人的选举方式。选举方式由村民选举委员会提出，经村民会议或者村民代表会议讨论通过。

第十八条　村民委员会成员候选人一般具备下列条件：

（一）遵守宪法、法律、法规和国家政策；

（二）品行良好，作风正派，办事公道；

（三）工作认真负责，热心为村民服务，有带领群众共同致富的愿望和能力；

（四）身体健康；

（五）有一定文化水平和工作能力。

鼓励符合前款规定条件的复转军人、回乡大中专毕业生、选聘的驻村大学毕业生、机关企事业单位退休返乡人员等积极参选村民委员会成员。

第十九条　村民委员会主任、副主任、委员候选人由本村登记参加选举的村民直接提名。提名时，全体登记参加选举的村民可以集中提名，也可以由登记参加选举的村民过半数人员参加的村民小组会议提名。提名的候选人中应当有女性。

第二十条　被提名的候选人名单，应当在选举日十日前按提名职务和提名得票多少的顺序公布。

被提名人不接受提名的，应当在候选人名单公布之日起三日内向村民选举委员会提出书面意见。候选人名额不足的，按提名得票多少顺序依次递补。

第二十一条　村民选举委员会对所有提名的候选人进行资格审查后，按提名得票多少确定村民委员会成员正式候选人。

村民选举委员会应当在选举日五日前按照姓名笔划顺序公布村民委员会正式候选人名单。

第二十二条　正式候选人公布后，由村民选举委员会按照公平、公正、公开的原则向村民介绍正式候选人的基本情况，并组织候选人与村民见面、交流。

第二十三条　村民委员会成员实行差额选举。村民委员会主任、副主任正式候选人名额应当分别比应选名额多一人；委员正式候选人名额应当比应选名额多一至二人。

第二十四条　采取无候选人选举方式的，在选举日按照本村应选职位直接进行投票选举。

第二十五条　登记参加选举的村民可以自荐参选村民委员会成员，并在选举日十五日前向村民选举委员会提交自荐材料。村民选举委员会对自荐人进行资格审查后，在选举日十日前在村民委员会和各村民小组所在地按照姓名笔划顺序公布自荐名单。

第五章　选举程序

第二十六条　选举以村民选举委员会召开选举大会现场投票的形式进行。

投票选举前，村民选举委员会应当做好下列准备工作：

（一）核实登记参加选举的村民人数，办理委托投票并公布名单；

（二）公布正式投票选举的具体时间、地点和有关安排；

（三）布置选举大会会场，准备票箱和选票，设立秘密写票处；

（四）提请村民会议或者村民代表会议决定监票人、计票人、唱票人、公共代写人等工作人员名单，并予以公布；

（五）向村民公布或者说明写票方法和其他选举注意事项。

村民委员会成员候选人及其配偶、父母子女和兄弟姐妹不得担任监票人、计票人、唱票人等选举工作人员。

第二十七条　选举现场设发票处、秘密写票处和代笔处。村民凭《村民选举证》领取选票，由村民本人填写选票后投票。

村民因故不能参加投票的，可以书面委托本村有选举权的近亲属代为投票。但是，不得在投票现场临时委托。

村民选举委员会应当在选举日五日前公布委托人和受委托名单，并发放《村民委托投票证》，受委托人凭《村民委托投票证》领取选票。每一村民接受委托最多为三人。

村民确实不能自写选票的，可以委托他人代写。代写选票不得违背委托人的意愿。

第二十八条　村民对正式候选人、竞选人可以投赞成票、反对票或者弃权票，也可以另选本村其他村民。

第二十九条　投票选举实行公开计票的方法。投票结束后，由监票人、计票人员同村民选举委员会将所有票箱当众开箱，核对投票人数和票数，公开唱票和计票，作出记录，并由监票人签字。村民选举委员会应当场宣布选举结果。

第三十条　收回选票等于或者少于发出选票数的，选举有效；收回选票数多于发出选票数的选举无效。

每一选票所选的人数，等于或者少于应选人数的有效，多于应选人数的无效。选票书写模糊无法辩认的部分或者不按规定填写的部分无效。选举工作人员对选票有争议的，应当提交村民选举委员会认定。

有效票、无效票，都应计算为参加投票的村民人数。

第三十一条 在投票选举中，委员候选人的得票数，将其获得的主任、副主任、委员的票数相加，计算为所得票数；副主任候选人的得票数，将其获得的主任、副主任的票数相加，计算为所得票数；主任候选人的得票数，只计算主任的得票数。

第三十二条　全村登记参加选举的村民过半数投票，选举有效。候选人或者参选人获得参加投票的村民过半数赞成票的，始得当选。主任、副主任的当选人中有妇女的，委员的当选人按照得票多少的顺序确定；没有妇女的，委员的当选人按照下列原则确定。

（一）有妇女获得过半数赞成票的，应当首先确定得票最多的妇女当选，其他当选人按照得票多少的顺序确定；

（二）没有妇女获得过半数赞成票的，应当在委员的应选名额中确定一个名额另行选举妇女成员，其他当选人按照得票多少的顺序确定。

如果票数相等不能确定当选人时，应当就票数相等的候选人或者参选人再次投票，以得票多的当选。当选人数少于应选名额时，不足的名额应当在没有当选的候选人中另行选举，另行选举应当在第一次投票选举日当日或者次日举行。

另行选举时，根据第一次选举得票多少的顺序，按照差额比例确定候选人名单。如果只选一人，候选人应当为二人。选举以得票多的当选。但是，得票数不得少于已投选票总数的三分之一。

第三十三条 另行投票选举，当选名额仍不足应选名额，而当选人已达三人或者三人以上时，不足的名额可以暂缺。主任暂缺时，由副主任临时主持村民委员会工作；主任、副主任都暂缺时，由当选得票较多的村民委员会委员临时主持村民委员会工作，直至下一次补选出主任或者副主任为止。

当选人数不足三人，不能组成村民委员会时，在选举日之后的十日内选举。

经两次选举还不足的名额应当在三个月内再行选举。再行选举时，原当选的村民委员会成员资格有效。

第三十四条　村民委员会选举结果由村民选举委员会报乡、镇人民政府备案。新当选的村民委员会主任、副主任和委员，由乡、镇人民政府颁发当选证书。

村民委员会主任、副主任、委员当选证书由自治区人民政府民政部门统一印制。

第三十五条　因各种原因造成村民委员会选举无效的，应当进行重新选举。重新选举应当在宣布选举无效之日起的三个月内进行。选举部分无效的，应当按照选举程序进行部分纠正。

第三十六条　村民委员会选举产生后，应当在五日内组织村民推选或者选举产生下属委员会成员。

第三十七条　在村民委员会选举中，任何单位或者个人不得有下列行为：

（一）以暴力、威胁、欺骗、诬告、诽谤或者伪造选票、虚报选举票数等不正当手段，妨害村民行使选举权和被选举权，干扰、阻挠、破坏村民委员会选举的；

（二）直接或者指使他人，以财物或者其他利益贿赂村民、选举工作人员或者其他候选人，影响或者左右村民意愿的；

（三）对控告、检举村民委员会选举中违法行为人的村民、证人进行打击、报复的；

（四）其他干扰、阻挠、破坏村民委员会选举的违法行为。

第三十八条　村民委员会应当在选举日前十日对财务账目和档案资料进行清理，并在选举日连同村民委员会印章交由乡、镇村民委员会选举工作指导小组封存。

新一届村民委员会产生后，上一届村民委员会应当在十日内完成办公设施、财务账目、固定资产、档案资料等移交工作，不得无故拖延或者擅自损毁。移交工作由村民选举委员会主持，乡、镇人民政府监督。

第六章　罢免、职务终止、辞职和补选

第三十九条　村民委员会成员应当接受村民监督，村民会议有权罢免村民委员会成员。

村民委员会成员有以下情形之一的，应当予以罢免：

（一）以权谋私的；

（二）违反法律法规政策规定计划外生育的；

（三）无正当理由连续二个月或者一年内累计三个月以上不参加村民委员会工作的；

（四）有其他不认真履行职责的情况的。

第四十条 本村五分之一以上有选举权的村民或者三分之一以上的村民代表联名，可以要求罢免村民委员会成员。罢免要求应当以书面形式向村民委员会和乡、镇人民政府提出，并写明罢免理由。

乡、镇人民政府认为村民委员会成员有本办法第三十九条规定的情形之一的，可以向村民委员会提出罢免建议。

村民委员会应当在接到罢免要求或者罢免建议后一个月内召开村民会议进行投票表决。村民委员会在一个月内拒绝召开村民会议的，应当由乡、镇人民政府召集村民会议进行投票表决。

第四十一条　村民会议在讨论表决罢免要求时，被提出罢免的村民委员会成员有权在村民会议上提出申辩意见。

罢免村民委员会成员，采取无记名投票的方式表决，须有登记参加选举的村民过半数投票，须经投票的村民过半数通过，并当场宣布表决结果。

表决结果由乡、镇人民政府报县（市、区）人民政府民政部门备案。备案材料应当包括罢免议案的提出、罢免理由及事实依据、参加表决的人数、表决结果等内容。

第四十二条 被罢免的村民委员会成员对罢免决议不服的，可以向乡、镇人民政府提出申辩意见。乡、镇人民政府接到被罢免人的申辩意见后十日内，应当对申辩意见和村民会议的罢免决议进行调查核实，提出处理意见。

第四十三条 村民委员会成员有下列情形之一的，其职务终止：

（一）丧失行为能力或者死亡的；

（二）被判处刑罚的；

（三）连续两次被评议不称职的。

第四十四条　村民委员会成员因故要求辞去职务的，应当书面向村民会议提出，由村民会议或者村民代表会议按照少数服从多数的原则讨论决定。

村民委员会成员被批准辞职或者职务终止后，村民委员会应当及时向全体村民公告，并报乡、镇人民政府备案。

第四十五条　村民委员会成员被罢免、批准辞职或者职务终止后，应当由乡、镇人民政府及时进行离任经济责任审计。审计结果应当及时公布。

第四十六条　村民委员会成员因被罢免、批准辞职或者职务终止等原因出现缺额的，应当由村民会议或村民代表会议在一个月内进行补选。村民委员会成员中没有妇女成员的，应当补选妇女成员。

第四十七条　补选的村民委员会成员，其任期到本届村民委员会任期届满为止。补选的具体程序和方法，执行本办法有关规定。

第四十八条　村民对选举程序或者选举结果有异议的，可以向乡、镇人民代表大会和人民政府或者县（市、区）人民代表大会常务委员会和人民政府及其有关部门提出书面申诉，由乡、镇人民政府或者县（市、区）人民政府负责调查并依法处理。